marisa fernández

# comida sana, comida rica

recetas de cocina saludable,
sencilla y sabrosa

EDICIONES OBELISCO

Si este libro le ha interesado y desea que le mantengamos informado
de nuestras publicaciones, escríbanos indicándonos qué temas son de su interés
(Astrología, Autoayuda, Ciencias Ocultas, Artes Marciales, Naturismo,
Espiritualidad, Tradición...) y gustosamente le complaceremos.

Puede consultar nuestro catálogo de libros en www.edicionesobelisco.com

*Los editores no han comprobado la eficacia ni el resultado de las recetas,
productos, fórmulas técnicas, ejercicios o similares contenidos en este libro.
Instan a los lectores a consultar al médico o especialista de la salud ante
cualquier duda que surja. No asumen, por lo tanto, responsabilidad alguna
en cuanto a su utilización ni realizan asesoramiento al respecto.*

**Colección Salud y Vida natural**
COMIDA SANA, COMIDA RICA
*Marisa Fernández*

1.ª edición: noviembre de 2012

Maquetación y diseño interior: *Marta Ruescas*
Corrección: *Sara Moreno*
Diseño de cubierta: *Enrique Iborra*
Fotografías: *Paco Díaz, Antonio Tabernero y Vicente González*

Edita: Ediciones Obelisco S. L.
Pere IV, 78 (Edif. Pedro IV) 3.ª, planta 5.ª puerta
08005 Barcelona - España
Tel. 93 309 85 25 - Fax 93 309 85 23
E-mail: info@edicionesobelisco.com

Paracas, 59 C1275AFA Buenos Aires - Argentina
Tel. (541-14) 305 06 33 - Fax: (541-14) 304 78 20

ISBN: 978-84-9777-888-6
Depósito Legal: B-21.155-2012

*Printed in India*

# Saludable,
# sencilla y sabrosa

¿Cabe mejor elección en el arte de cocinar?

Hay personas que, cuando pasas por sus vidas, impregnan de exquisitez tu camino.

Marisa Fernández, para mí, es una de ellas.

Un ser cuya profunda femineidad expresa mediante clases y recetas, el gran amor de su alma.

Un alma que se expresa con la sencillez que exige la sabiduría de su íntimo misterio... Renuncias, anhelos, vocación, sin olvidar regalar a los sentidos el juego de los estímulos.

Hay mujeres que saben conectar con su misión de amor, como es el caso de Marisa, un ser que mientras cocina, trasmite sutilezas de lo que no se debe olvidar. Son un patrimonio de la humanidad y por ello, honramos su camino y sus obras.

Este libro será un buen amigo y, sin duda, además de servir de guía e inspiración en el arte de cocinar, dará un calor sutil al corazón de quien lo lea.

Por ello podemos terminar diciendo que es un libro con alma.

José María Doria

# agradecimientos

Quiero dar las gracias a todas las personas que me han animado a escribir este libro, y principalmente a mi compañero Paco y a mis hijos David y Daniel, por su apoyo en el camino que he elegido, y a todos los alumnos y amigos que creen en mí y cuyos nombres sería imposible escribir sin llenar este libro.

También quiero hacer una especial mención a mis buenos amigos Sergio Nieto, del que tantas cosas sigo aprendiendo, José M.ª Doria, cuyas enseñanzas están siempre conmigo, y a Antonio Tabernero y Vicente González, con quienes compartimos el gusto por esta alimentación, por su ayuda en el asesoramiento y edición de las fotos.

# la autora

Instintivamente desde muy pequeña empecé a comprender que la alimentación estaba íntimamente relacionada con la salud y que tanto la calidad de los productos como la forma de prepararlos era básica para un buen equilibrio de cuerpo y mente.

Amo la cocina y todo lo relacionado con ella, las posibilidades de combinación de ingredientes, los olores, colores, sabores... Soy muy afortunada porque tengo una maestra estupenda, mi madre, a la que siempre estaba pegada cuando era pequeña en la cocina preparando deliciosas comidas.

Durante muchos años fui autodidacta, dejando que mi instinto fuera buscando el camino hasta que poco a poco empecé a formarme como terapeuta en diferentes ramas de la medicina natural: shiatsu, reflexología podal, masaje metamórfico, terapia floral, sujok, quiromasaje... y nutrición y salud natural desde la rama de la macrobiótica.

Llevo ya muchos años estudiando, trabajando, desarrollando y enseñando la cocina natural, y una de las mejores lecciones que he aprendido es que todo está en permanente movimiento, todo cambia, nada debe de quedarse estancado, todo está en continua evolución. Estamos viviendo un momento de muchos cambios y no podemos quedarnos agarrados a nada. Por eso la alimentación que aquí te propongo tiene un aire más flexible y más abierto, ya que está pensada para personas que gozan de salud y quieren ayudarse con la alimentación para mantenerse mejor, ya que como sabes, la prevención es la mejor medicina.

A lo largo de los capítulos de este libro, te iré introduciendo poco a poco en esta alimentación, viendo uno por uno todos aquellos ingredientes de la alimentación natural con los que todavía no estás muy familiarizado. Iré comentando cada receta dándote información nutricional, consejos y variaciones, para hacer que cada plato sea diferente, adaptándolo al propio tiempo a tus gustos y así conseguir hacerla más apetecible.

# ¿es complicado cocinar así?

Cocinar este tipo de alimentación es tan sencillo o tan complicado como cualquier cocina del mundo. Lo primero que te va a llamar la atención cuando te introduzcas en ella, son sus ingredientes: cereales integrales, proteínas vegetales, algas, semillas, condimentos, edulcorantes naturales, etc.; llevan siglos utilizándolos en otras culturas. Vamos a dejar que entren en nuestras cocinas y sacar el mejor provecho de ellos. En la medida en que vayas aprendiendo a cocinarlos, irás creando tus propias recetas con las que podrás deleitar a tu familia y amigos. Poner consciencia en lo que comemos y cómo lo cocinamos es básico para nuestra salud y la de quienes nos rodean.

# ¿por dónde empezar?

Podemos empezar por sustituir algunos de los ingredientes que utilizamos habitualmente en nuestra alimentación por otros alimentos que no sólo nos van a proporcionar más nutrientes, sino que además no nos van a perjudicar.

| Ingredientes | Sustituir por |
|---|---|
| Arroz blanco | Cereales integrales (arroz integral, mijo, trigo sarraceno, cebada, avena, quínoa, teff, trigo...) |
| Aceite refinado | Aceite de primera presión en frío |
| Azúcar blanco | Melazas de cereales, sirope de agave, stevia, zumos concentrados, sirope de arce, frutas secas |
| Sal refinada | Sal marina |
| Vinagre de vino | Vinagre de manzana, de arroz, de umeboshi |
| Carne | Pescado y proteínas vegetales (tofu, seitán, tempeh, legumbres) |
| Harinas refinadas (pan, pastas) | Harinas integrales biológicas |
| Leche animal | Bebidas vegetales (arroz, almendras, quínoa, mijo, avena, sésamo...) |
| Repostería industrial | Repostería integral biológica |
| Alimentos fritos | Alimentos cocinados al vapor, salteados, estofados |
| Frutos secos fritos | Frutos secos tostados |
| Chocolate | Algarroba, cacao natural |
| Bebidas alcohólicas | Agua, zumos de frutas naturales biológicas |
| Café | Malta, achicoria, tés, infusiones... |

# cómo introducirse en la alimentación natural

## *«Poco a poco»*

É se es mi lema y lo primero que digo en los cursos de cocina: «poco a poco». La transición a esta alimentación debe de ser paulatina, ya que tenemos una memoria gustativa que hace que nos sintamos atraídos a tomar aquellos alimentos que conocemos sobre todo por las costumbres adquiridas durante años en el seno de nuestra familia. La comida, aparte de alimentarnos, también es un acto social. Los buenos y malos momentos a menudo son recordados por las comidas. ¿Quién no ha oído decir a alguien que aborrece tal plato porque cuando estaba comiéndolo pasó tal cosa? También, a veces, cuando preparamos algún plato que nos hacía nuestra madre, sentimos un gran bienestar, ya que nos trasporta con su olor o sabor a nuestra infancia.

Para que puedas adaptarte a una alimentación más equilibrada sólo tienes que ir introduciendo los ingredientes de una forma progresiva. En la alimentación actual cubrimos los sabores básicos de los productos con demasiados ingredientes artificiales y productos químicos como saborizantes, colorantes, espesantes, etc.

Consumiendo productos naturales, sin productos químicos, tu paladar volverá a recuperar su función principal, que es la de recibir sin enmascaramientos el verdadero sabor de los alimentos. Además, al consumir alimentos biológicos, vas a contribuir a la salud de todos los que te rodean y a la mejora del medio ambiente.

# ¿cómo elaborar un plato equilibrado?

La OMS (Organización Mundial de la Salud) recomienda una dieta equilibrada en la que se reduzca la ingesta de calorías procedentes de las grasas, se utilicen grasas insaturadas y se eliminen de la dieta los ácidos grasos trans. Asimismo, recomienda el consumo de frutas, verduras, legumbres, cereales integrales, frutos secos y la reducción de la ingesta de azúcares simples.

Preparar un plato equilibrado es más sencillo de lo que parece: el consumo de cereales integrales debería de ser alrededor de un 50 por 100, el de frutas y verduras de un 30 por 100, de proteína vegetal (legumbres, tofu, seitán o tempeh) de un 15 por 100, y el de semillas, frutos secos y algas de un 5 por 100 aproximadamente. Además, utilizaremos preferiblemente ingredientes que sean de temporada, ya que nos refrescan en verano y nos calientan en invierno.

Hoy en día es fácil encontrar productos ecológicos en supermercados o tiendas especializadas en alimentación natural.

**Notas**
- *Las recetas de este libro están calculadas para 4 personas, aproximadamente.*
- *Muchos de los platos elaborados sin trigo pueden consumirse por personas con intolerancia o alegia al gluten, sustituyendo la salsa de soja por tamari.*

**Abreviaturas de las medidas:**
c. s. = cucharada sopera
c. c. = cucharadita de café

# principales
# ingredientes de la
# alimentación natural

### AGAR-AGAR

Es un extracto derivado de algunas algas rojas. Se emplea como espesante, conservante y gelificante. Es rico en fibra saciante, y un buen regulador del intestino. Su contenido en calorías es nulo. Contiene calcio, fósforo y magnesio. Además, es el alga con menos calorías. La puedes encontrar en polvo, en copos, en hilos finos o en barras.

### ALGA DULSE

Es un alga roja del Atlántico. Destaca especialmente por su contenido en hierro (es la más rica en hierro después de la espagueti de mar), potasio y yodo; además tiene gran cantidad de vitamina C (34,5 mg por 100 g) que ayuda a absorber el hierro. También es la segunda alga más rica en provitamina A, después de la nori.

Alga espagueti de mar

### ALGA ESPAGUETI DE MAR

Esta alga destaca sobre todo por la cantidad de hierro que contiene (9 veces más que las lentejas) además de vitamina C. También es rica en minerales como calcio, potasio, magnesio y fósforo.

### ALGA NORI

Es la base de los famosos sushis y es junto con la kombu y la wakame una de las algas más consumidas en Japón. Es especialmente rica en proteínas, provitaminas A y B12, y tiene un bajo porcentaje de grasas, la mayoría de las cuales son ácidos grasos insaturados omega 3 y omega 6. Ayuda a eliminar el colesterol y prevenir la arteriosclerosis.

Azuki

### ALGA WAKAME

Tiene un sabor suave y es muy versátil en la cocina. Es una de las algas más ricas en calcio. Además, contiene fósforo, magnesio, yodo y vitaminas B y C. Al igual que la kombu, tiene la propiedad de ablandar las fibras de los alimentos con los que se cocina. Es el alga con la que se prepara la sopa de miso.

Kuzu

### ARROZ

Constituye el alimento básico de buena parte de la humanidad. Es el cereal más equilibrado. Es preferible utilizar arroz integral al blanco, ya que en la cáscara se encuentran sus vitaminas y minerales. Es beneficioso para el sistema nervioso y el cerebro. Existen muchas variedades de arroz para cada ocasión: arroz integral redondo, largo, thaibonnet, rojo, salvaje, arroz negro, thai, semiintegral, basmati y dulce, entre otros.

### AVENA

Es rica en hidratos de carbono, proteínas, vitaminas del grupo B, hierro, calcio y fósforo. Para consumirla tendrás que dejarla en remojo, ya que su grano es muy duro, por eso se suele consumir en copos. Es ligeramente laxante y ayuda a bajar el colesterol. También la puedes consumir en forma de pasta o harina.

Miso

### AZUKI

Se trata de una pequeña judía roja consumida en Oriente desde hace siglos. Es muy rica en proteínas y de fácil digestión. No produce gases intestinales y fortalece y tonifica el riñón. Se toman en poca cantidad.

### BULGUR

Se trata de trigo cocido, secado y partido, muy popular en los países árabes. Es rico en hidratos de carbono, minerales como el calcio, el magnesio y el hierro y vitaminas del grupo B. Puedes encontrarlo también de espelta y kamut.

Quinoa

Seitán

### CEBADA

Es un cereal que contiene mucha fibra, lutenía y zeaxantina, beneficiosas para la vista y la salud de los ojos. No hay que confundirla con la cebada perlada, que ha sido procesada y ha perdido casi todos los nutrientes.

### ESPELTA

Se trata de una variedad de trigo más rica en proteínas, minerales, vitaminas y oligoelementos que el trigo común. Además es de más fácil asimilación, ya que no ha sufrido genéticamente los cambios del trigo común. También lo puedes encontrar en copos, sémolas, cuscús y bulgur.

### KAMUT

Es una variedad de trigo cuyos granos son de un tamaño mayor que el trigo normal y que no ha sufrido genéticamente ningún cambio, por lo que es de más fácil digestión.

### KOMBU

Es el alga más consumida en el mundo. Aparte de remineralizar, se utiliza para evitar las flatulencias, ya que ablanda las fibras de los productos con los que se cocina gracias al ácido glutámico, por lo que se suele cocinar con legumbres y cereales. Destaca por su aporte de magnesio (1120 mg por 100 g), calcio (1970 mg por 100 g). Además, su ácido algínico tiene efectos preventivos ante contaminación de metales pesados, entre otros.

### KUZU

Es la raíz de una planta que ha sido utilizada durante milenios por la Medicina Tradicinal China. Además de su uso como espesante en la cocina natural, tiene propiedades medicinales.

### MAÍZ

Es rico en hidratos de carbono y uno de los más ricos en vitaminas del grupo B. No contiene gluten. Se puede consumir en forma de grano, polenta, copos o harina.

## MELAZA DE CEREALES

Se elabora con cereales integrales (arroz, trigo, cebada...) y a partir de un proceso enzimático natural. Contienen vitaminas y minerales. Su textura nos recuerda a la miel, pero su sabor es mucho más suave.

Semillas de chía

## MIJO

Es uno de los cereales más antiguos. Es alcalinizante y rico en proteínas, vitaminas A y B, además de lecitina, fósforo, magnesio, calcio, silicio y hierro. Es muy digestivo.

## MISO

Se trata de una pasta de soja fermentada sola o con un cereal. Es rico en proteínas, carbohidratos y minerales. Es alcalinizante y depurativo de la sangre. Es importante que no sea pasteurizado y que no hierva en las preparaciones para que conserve todas sus propiedades. En los supermercados ecológicos vas a encontrar diferentes tipos de miso: hatcho miso (elaborado sólo con soja); el genmai miso (al que han añadido arroz integral); kome miso (le han añadido arroz blanco) y mugi miso (le han añadido cebada).

## QUÍNOA

No es en realidad un cereal, es un grano de origen andino y pertenece a otra rama botánica como la acelga y la espinaca. Aunque son sus semillas las que tienen un gran potencial proteico, sus hojas también se utilizan en alimentación. Tiene todos los aminoácidos esenciales y es, además, rica en hierro, calcio, magnesio, fósforo y potasio y de fácil digestión. No contiene gluten, por lo que es ideal para celíacos.

## SEITÁN

Se trata de la proteína del trigo: el gluten. Su consistencia y color recuerdan mucho a la carne. Es bajo en calorías y grasas y no contiene colesterol. Tiene un 24,7 por 100 de proteínas. Lo puedes encontrar también elaborado con espelta.

Sirope de ágave

Teff

Tempeh

### SEMILLAS DE CHIA

Los Mayas y los Aztecas ya conocían sus maravillosas virtudes. Es la mayor fuente vegetal de ácidos grasos Omega-3. Contiene además, antioxidantes, proteínas, minerales, vitaminas y fibra.

### SEMILLAS DE SÉSAMO

También llamada Ajonjolí, es una semilla oleaginosa muy rica en minerales como cobre, calcio, fósforo, magnesio, potasio, hierro y zinc, además de vitaminas y fibra. A partir de estas semillas molidas se elabora el tahín o tahini, una crema que se utiliza en la cocina de Oriente Medio, África del norte y en la cocina asiática.

### SIROPE DE AGAVE

Es el jugo de un cactus (el agave azul) que procede de México. Tras un proceso enzimático adquiere una textura parecida a la miel. Endulza el doble que el azúcar blanco ya que contiene fructosa y glucosa.

### STEVIA

Se trata de un arbusto originario de Brasil y Paraguay de cuyas hojas se extrae un edulcorante que no sólo es tolerado por diabéticos sino que, además, es regulador del azúcar en la sangre. Sus hojas son hasta 30 veces más dulces que el azúcar y el extracto hasta 200 veces más.

### TAMARI

Se obtiene por la fermentación de la soja con agua y sal. Es un alimento rico en proteínas y minerales y es alcalinizante. Aunque se puede utilizar para sazonar nuestros platos, su uso es más común en la cocina curativa.

### TEFF

De alto valor nutritivo, es un cereal procedente de Etiopía. Es rico en hidratos de carbono de absorción lenta, fibra, proteínas, calcio y hierro. Además, no contiene gluten.

## TEMPEH

Se obtiene por la fermentación de la soja amarilla bajo la acción de un hongo llamado *Rhizopus oligosporus*. Gracias a esta fermentación, el contenido en vitaminas aumenta en relación con la soja. No contiene colesterol. Tiene un 21 por 100 de proteínas.

Tofu

## TOFU

El tofu es el resultado de añadir a la leche de soja un coagulante (nigari). Es bajo en calorías y rico en proteínas (contiene los 8 aminoácidos esenciales), ácido linoleico y lecitina. Se adapta muy bien a recetas tanto dulces como saladas.

## TRIGO

Es uno de los alimentos más completos. Contiene gran cantidad de minerales, especialmente potasio, fósforo, magnesio, hierro y zinc y vitaminas del grupo B. Es un cereal que resulta difícil de digerir, por lo que tradicionalmente se ha utilizado su harina en forma de pan o pasta.

## TRIGO SARRACENO

También llamado alforfón o trigo morisco; no tiene nada que ver con el trigo, ya que no pertenece al género de las gramíneas, sino a las poligonáceas. Se consume en los países fríos como Rusia y Polonia. Con su harina se elaboran en Bretaña las galettes de sarrasin y en Japón los fideos llamados soba. Es rico en proteínas (10-13 por 100) y en vitamina E, y no contiene gluten. Lo puedes encontrar en forma de grano, copo, copo inflado, pasta y harina.

Umeboshi

## UMEBOSHI

Se trata de unas ciruelas japonesas frescas secadas al sol y metidas en barriles con sal. Son ricas en calcio, hierro y fósforo. Estimulan el funcionamiento del hígado. Además de ser alcalinizantes, tienen un efecto laxante.

# índice de recetas

## CEREALES

## PROTEINAS VEGETALES

## DULCES Y POSTRES

## TÉS Y REFRESCOS

# Aperitivos

# canapés de pepino con verduras y alga dulse

**Ingredientes**

2 pepinos
1 zanahoria
½ ramita de apio
unos trocitos de alga dulse
perejil picado
sésamo tostado
sal

*«El momento más oscuro de la noche de la vida ocurre un instante antes del amanecer».*
VICENTE FERRER

**Para la salsa**

4 c. s. de aceite
3-4 hojitas de albahaca
¼ c. c. de umeboshi en pasta

**Elaboración**

Corta los pepinos en rodajas no demasiado finas, añade un poco de sal y deja que suelten su agua durante unos minutos. Deja que se hidrate el alga dulse en un poquito de agua. Corta la zanahoria en dados pequeños y escáldala en agua hirviendo durante unos segundos. Corta en dados pequeños también el apio y mézclalo con el resto de los ingredientes.

Prepara la salsa: en un mortero añade las hojas de albahaca picaditas y tritura bien. Incorpora el aceite poco a poco para que se forme una salsa y agrega al final la pasta de umeboshi. Mezcla bien la salsa con todas las verduras.

Coloca las rodajas de pepino en una fuente de servir y dispón encima de cada una de ellas la mezcla que tenemos preparada. Adorna con unas semillas de sésamo tostado.

**Sugerencias**

- *Si no tienes tiempo, también puedes dejar sin escaldar las zanahorias. Te quedará más crujiente.*
- *Puedes utilizar otra alga en lugar de la dulse: por ejemplo, la wakame le va también muy bien.*
- *Puede ser un aperitivo o un primer plato veraniego. Corta los pepinos a lo largo y sírvelos encima de unas hojas de lechuga.*

# paté de tofu y aceitunas

**Ingredientes**
½ tofu
½ ajo
½ bol de aceitunas negras
¼ de c. c. de pasta de umeboshi
1 c. s. de salsa de soja
2 nueces picadas tostadas (para adornar)

**Elaboración**
Corta en trocitos las aceitunas. Hierve el tofu durante unos 4-5 minutos y tritúralo con el resto de los ingredientes menos las nueces. Añade un poco de agua hasta convertirlo en una crema. Decora con nueces picadas por encima.

**Sugerencias**
- *Este paté lo puedes convertir en una deliciosa salsa para poner encima de una pasta agregándole, simplemente, más agua y corrigiendo las proporciones del paté.*
- *Para ahorrar tiempo, también puedes utilizar 1 c. s. de crema de aceitunas negras o verdes que venden ya preparada y añadir el resto de los ingredientes.*
- *Una pequeña cantidad de tofu puede cubrir las necesidades proteicas de una comida.*

*«Espera un milagro, el que no cree en los milagros no es realista».*
DAVID BEN-GURIÓN

# paté de setas

**Ingredientes**

¼ de kg de setas shiitake
½ cebolla
½ ramita de apio
1 c. s. de concentrado de tomate
2 c. s. de salsa de soja
unas gotas de salsa picante (opcional)
perejil

**Elaboración**

En un poco de aceite, saltea la cebolla picada y el apio. Añade las setas en trozos y déjalas que se cocinen hasta que se ablanden. Agrega el concentrado de tomate, la salsa de soja y el perejil. Tritúralo con la batidora hasta dejarlo con la consistencia de un paté.

**Sugerencias**

- *Prueba a utilizar otro tipo de setas, por ejemplo níscalos o simplemente champiñón. Estas setas sueltan más agua, por lo que tendrás que añadirle un poco de sémola o pan rallado para conseguir la textura del paté.*
- *Puedes sustituir el concentrado de tomate por salsa de tomate natural o kétchup bío.*
- *La seta shiitake posee todos los aminoácidos esenciales, minerales y vitaminas y además es estimulante del sistema inmunitario.*

«No hace falta empujar la vida. Fluye con ella y entrégate totalmente a la tarea del momento presente».

NISARGADATTA

# paté de calabaza

**Ingredientes**
1 bol de calabaza cortada en trocitos
1 puerro
1 ajo
1 c. s. de salsa de soja
3 c. s. de aceite
¼ de c. c. de curry
unas gotas de salsa picante (opcional)
sal

*«Lo importante no es lo que sucede, sino cómo lo interpretamos».*
Lair Ribero

**Elaboración**
Cocina la calabaza al vapor con un poco de sal hasta que esté tierna. Mientras, en una sartén añade el aceite, el ajo y el puerro cortados en rodajas finas. Cuando esté trasparente el puerro, agrega el curry y remueve bien. Mézclalo con la calabaza y la salsa de soja y tritúralo con la batidora. Corrígelo de sal y añade unas gotas de salsa picante (opcional).
Sírvelo untado en tostaditas de pan o con verduras.

**Sugerencias**
- *Puedes sustituir el puerro por cebolla, aunque a este paté, el primero le da un sabor más delicado.*
- *Asegúrate de que la calabaza está bien cocida pinchándola con la punta de un cuchillo para que la textura quede suave.*
- *La calabaza moscada es una de las fuentes más ricas de betacriptoxantina, un caroteno asociado a la protección del cáncer de pulmón. Tomándola con un poco de aceite, ayuda a absorber sus carotenos. Contiene propiedades antiinflamatorias, es rica en vitaminas y minerales, y tiene alto contenido en fibra y carbohidratos complejos. ¡No tires sus pipas, déjalas que se sequen u hornéalas y utilízalas para añadir a una ensalada o como un aperitivo saludable!*

# pinchitos de tofu con alga nori

### Ingredientes
1 tofu ahumado
1 c. s. de aceite
unas hojas de alga nori
unas hojas de rúcula
salsa de soja
pinchitos de brochetas

### Elaboración
Corta el tofu ahumado en tiras de un tamaño un poco más grande de un dedo. En una sartén caliente untada ligeramente de aceite, cocina el tofu a la plancha. Deja que se enfríe. Corta el alga del tamaño de las tiras de tofu y enróllalos como si fuera un norimaki. Córtalos en trozos pequeños e insértalos en pinchitos decorando con una hoja de rúcula.
Sírvelos con salsa de soja para mojar.

### Sugerencias
- Para ayudarte a cerrar los norimakis de tofu ahumado, moja ligeramente el borde del alga. Si los quieres hacer más grandes puedes utilizar una esterilla de bambú.
- El alga nori es especialmente rica en proteínas (29 por 100), así como vitaminas A y B12.
- En general, las salsas de soja biológicas suelen ser más concentradas de sabor, por lo que deberás rebajarla con un poco de agua.

*«La virtud no consiste en hacer grandes cosas, sino en hacer bien las pequeñas».*
MONTAIGNE

# paté de pimientos rojos

**Ingredientes**
½ cebolla
1 ajo
1 o 2 pimientos rojos
1 c. c. de miso
2 c. s. de aceite
orégano
pimienta negra

**Elaboración**
Corta la cebolla, el ajo y el pimiento en trozos pequeños y póchalos con el aceite en una sartén tapada a fuego lento durante ½ hora. Tritura con el miso y agrega el orégano y la pimienta negra.
Déjalo que se enfríe antes de servir.

**Sugerencias**
- *Si ves que después de media hora han soltado mucho jugo los pimientos, destapa la sartén y déjalo que se evapore para que te quede con una consistencia más espesa.*
- *Los pimientos rojos contienen altos niveles de carotenos y son una excelente fuente de vitamina C y E. Los carotenos se absorben mejor cocinados. Añadiéndoles el miso los hace más digestivos.*

*«Si tiene remedio*
*¿por qué te quejas?*
*Si no lo tiene*
*¿por qué te quejas?».*
HENRY FORD

# Sopas y cremas

# sopa de berros

### Ingredientes
2 cebollas
1 bol de berros
3 c. s. de aceite
nuez moscada
pimienta negra
sal

### Elaboración
Corta la cebolla en rodajas finas y póchala a fuego lento en una cacerola con el aceite y un poco de sal. Mientras, calienta agua en otra cacerola. Cuando la cebolla esté blanda, añade el agua hirviendo, la nuez moscada y el bol de berros (deja algunos para adornar). Pasa por la batidora, corrígelo de sal y pimienta y sírvela adornada con los berros frescos.

### Sugerencias
- *Añadir agua hirviendo encima de verduras tan delicadas, permite no tener que cocerlas y aprovechar mucho más sus nutrientes.*
- *Las cebollas son uno de los alimentos más saludables: es antibiótica, regula la respuesta a la insulina y es antiinflamatoria.*
- *Los berros son muy ricos en minerales, así como vitaminas C y B.*
- *Puedes hacer esta sopa también con canónigos.*

*«Las fuerzas naturales que se encuentran dentro de nosotros son las que verdaderamente curan nuestras enfermedades».*
HIPÓCRATES

# salmorejo
## a mi manera

### Ingredientes

2-3 zanahorias
2 tomates
1 ajo (opcional)
4-5 c. s. de aceite de oliva
3 c. s. de limón
¼ de c. c. de umeboshi en pasta
alga ao nori
sal

### Elaboración

Corta en trozos, cuece las zanahorias al vapor y bátelas con el resto de los ingredientes. Añade, a tu gusto, agua de haber cocinado al vapor las zanahorias. Corrígelo de sal y déjalo que se enfríe antes de servir.
Decóralo con el alga ao nori por encima.

### Sugerencias

- *Prueba a hacer esta receta sin cocer las zanahorias, verás que también te queda estupenda. Para ello tritura las zanahorias antes de añadir el resto de los ingredientes.*
- *Las zanahorias son especialmente ricas en carotenos: cuanto más oscura sea, más carotenos tendrá. Cocinada estimula su absorción.*
- *La ciruela umeboshi es estimulante del hígado y de la vesícula biliar, además es alcalinizante. Ten cuidado a la hora de añadir la sal, ya que la umeboshi es muy salada.*

«La alegría compartida
es doble alegría.
El dolor compartido
es medio dolor».

TIEDGE

# crema de nabos con jengibre fresco

**Ingredientes**
4 nabos
2 cebollas
un trocito de jengibre fresco
3 c. s. de aceite
semillas de sésamo
sal

*«No basta con hacer el bien, hay que hacerlo bien».*
Diderot

**Elaboración**
En una cacerola añade el aceite y la cebolla cortada en rodajas finas con la sal. Agrega los nabos en trozos pequeños, tapa la cacerola y déjalo que se poche a fuego lento unos 10 minutos (o hasta que estén los nabos blandos). Cúbrelo con agua y déjalo que hierva 3 minutos más. Tritúralo todo y añade el jugo de jengibre. Sírvela caliente con las semillas de sésamo por encima.

**Sugerencias**
- *Para sacar el jugo al jengibre lo único que tienes que hacer es pelar un trocito, rallarlo y exprimir con tus dedos la ralladura.*
- *Corta en trozos pequeños el nabo, así tendrá que estar menos tiempo cociendo.*
- *Puedes darle un bonito color amarillo a la sopa si le añades al principio ¼ c. c. de cúrcuma.*
- *Los nabos fueron destronados por la patata cuando entró en Europa, pero tienen unas maravillosas propiedades nutritivas: bajo aporte calórico, rico en fibra, vitaminas C, E, B y provitamina A, además de minerales como el potasio, calcio, fósforo y yodo.*

# sopa de verduras con copos de cebada

## Ingredientes
1 puerro
1 zanahoria
1 tallo de apio
1 nabo
3-4 c. s. de copos de cebada
2 c. s. de aceite
perejil
sal

## Elaboración
En un recipiente añade el agua para la sopa, cuando comience a hervir agrega los copos de cebada y déjalos que cuezan durante 10 minutos aproximadamente. Mientras, corta las verduras en trozos pequeños y saltéalas ligeramente en una sartén en un poco de aceite. Añade las verduras a la sopa, corrígela de sal y sírvela con el perejil picado por encima.

## Sugerencias
- *Puedes variar los copos utilizando de avena, de arroz, de quínoa, de maíz...*
- *Esta sopa queda mejor si la dejas preparada con antelación.*
- *Compra siempre cebada integral, ya que la cebada perlada ha sido procesada y ha perdido parte de sus nutrientes y fibra.*
- *Esta sopa es ideal en invierno, cuando queremos preparar un plato nutritivo y remineralizante.*

«Cada hombre debe inventar su propio camino».
Jean Paul Sartre

# crema de remolacha con avena

**Ingredientes**
100 gr de remolacha
1 cebolla
3 c. s. de copos de avena
crema de avena
3 c. s. de aceite
sal

*«Amar a un ser humano es ayudarlo a ser libre».*
RAMAYAT

**Elaboración**
En una cacerola añade el aceite y la cebolla cortada en rodajas finas. Agrega un poco de sal y déjalo que se cocine hasta que esté blanda. Añade la remolacha en trozos pequeños los copos de avena y 4 vasos de agua y déjalo que cueza a fuego lento durante 10 minutos. Pásalo todo por la batidora y corrígelo de sal. Sírvelo con la crema de avena por encima.

**Sugerencias**
- La remolacha contiene una sustancia antiinflamatoria (betaína) que reduce la presión arterial. Puedes utilizarla también cruda rallada en la ensalada.
- Utiliza la avena cuando quieras espesar una crema (mejor los copos pequeños o en harina). También se puede utilizar en muesli o para gratinados crujientes. Es especialmente adecuada para personas diabéticas, ya que su índice glucémico es muy bajo. Es una buena fuente de vitaminas y minerales.

# crema de guisantes a la menta

**Ingredientes**

250 gr de guisantes cocidos
2 cebollas
1 rama de apio
un trocito de jengibre fresco
unas hojas de menta fresca
¼ de c. c. de comino en polvo
3 c. s. de aceite
sal

**Elaboración**

En una cacerola añade aceite y pocha la cebolla y el apio cortados en rodajas finas. Deja que tomen un poco de color y agrega el comino. Cuando esté un poco trasparente, agrega unas hojas de menta, los guisantes cocidos y la sal. Cúbrelo con agua y déjalo que hierva unos 15 minutos. Por último, ralla el jengibre y añade su jugo. Corrígelo de sal y sirve con la menta picada por encima.

**Sugerencias**

Los guisantes son una buena fuente de proteínas, vitamina C, carotenos y fibra. Es mejor que el agua para la crema la agregues caliente, ahorrarás tiempo y perderá menos nutrientes.
Puedes preparar la crema fría en verano y caliente en invierno.

«El placer más noble
es el júbilo de crecer
y comprender».
LEONARDO DA VINCI

# Verduras y ensaladas

# ensalada crujiente de cebolla, zanahoria, apio y nabo con salsa de sésamo

### Ingredientes

1 cebolla pequeña
1 ramita de apio
1-2 zanahorias
½ nabo
sal

### Aliño

1 c. s. de sésamo tostado
1 c. s. de salsa de soja
2 c. s. de aceite de oliva
orégano
¼ de c. c. de umeboshi
½ vaso de agua

*«Desde el momento que se sigue a alguien, se deja de seguir la verdad».*

KRISHNAMURTI

### Elaboración

Corta las verduras en tiras finas y escáldalas en agua hirviendo con sal unos segundos. Prepara el aliño: en un suribachi* muele el sésamo tostado y añade el resto de los ingredientes. Añade un poco de agua para convertirlo en una salsa y mézclalo bien.
Sirve la ensalada con la salsa por encima.

### Sugerencias

- *Es una deliciosa ensalada de invierno muy fácil y rápida de preparar.*
- *Aprovecha el agua del escaldado de las verduras para preparar por ejemplo una sopa.*
- *Prepárala con antelación para que absorba todos los sabores.*
- *Puedes prescindir de la ciruela umeboshi y añadir zumo de limón o algún vinagre, como el de manzana o el de arroz.*

* *El suribachi es un mortero japonés de cerámica con una superficie rallada que se utiliza para moler las semillas. También facilita la mezcla de ingredientes.*

# coliflor en salsa de tomate especiada

**Ingredientes**
un bol grande de coliflor
1 cebolla
200 gr de tomate triturado
¼ de c. c. de curry en polvo
piñones
1 c. s. de salsa de soja
3 c. s. de aceite
perejil
sal

*«Lo conseguimos porque no sabíamos que era imposible».*
GUSTAVO MORILLA

**Elaboración**
En una cacerola añade el aceite y la cebolla cortada en rodajas finas. Agrega un poco de sal y cocínala hasta que esté blanda. Añade el curry y el tomate triturado. Cuando empiece a cocer, agrega la coliflor cortada en racimos. Déjalo que se cocine unos 10 minutos a fuego lento. Al final, añade la salsa de soja. Corrígelo de sal y sírvelo con los piñones y el perejil picado por encima.

**Sugerencias**
- Cocinando la coliflor dentro de la salsa de tomate a fuego lento conseguimos que absorba todo su sabor.
- Prueba a añadirle otras especias diferentes: cúrcuma, coriandro, cardamomo, canela...
- La coliflor es rica en fósforo, calcio y hierro. Aprovecha también las hojas externas, ya que tienen mucho calcio.
- Los tomates madurados en la planta tienen más licopeno que los que maduran una vez cosechados. El licopeno se absorbe mejor si se toma con un poco de aceite.

# tosta de champiñones con crema de avena

**Ingredientes**
¼ de kg de champiñones
1 cebolla
un brik de crema de avena
rebanadas de pan tostado
3 c. s. de aceite
semillas de sésamo
sal

**Elaboración**
Limpia los champiñones con ayuda de un cepillo para quitarles la tierra y córtalos en rodajas. Corta la cebolla en tiras finas y agrégala a la sartén con el aceite y la sal. Deja que se cocine unos minutos, hasta que esté trasparente. Añade los champiñones, saltea ligeramente hasta que veas que empiezan a cambiar de color y agrega el brik de crema de avena. Corrígelo de sal y sírvelo encima del pan tostado con unas semillas de sésamo por encima.

**Sugerencias**
- Es un plato muy rápido y fácil de preparar que puede servir tanto para una cena ligera como para un aperitivo si cortas la tosta en trocitos pequeños.
- El champiñón portobello ecológico va muy bien para este plato, pero puedes prepararlo con cualquier otro tipo de seta.
- Prepara variaciones de tostas con esta receta: puerros, espárragos, calabacines... Puedes también sustituir la crema de avena por otras cremas vegetales.

*«Los hombres piensan que dejan de enamorarse cuando envejecen, sin saber que envejecen cuando dejan de enamorarse».*
GABRIEL GARCÍA MÁRQUEZ

# hinojo con aceitunas negras y nueces

## Ingredientes

3 hinojos
un puñado de aceitunas negras
un puñado de nueces tostadas
¼ de c. c. de cúrcuma
2 c. s. de aceite
perejil
sal

## Elaboración

Lava y corta los hinojos en rodajas no muy finas y saltéalos en una sartén con un poco de aceite. Tapa y deja que se cocinen 5 minutos. Agrega la cúrcuma y las aceitunas negras y rehógalo todo bien. Sírvelo con las nueces tostadas por encima y el perejil picado.

## Sugerencias

- *El hinojo tiene propiedades antiinflamatorias y es diurético. Es rico en fibra, vitaminas C y B3, selenio y hierro, además de tener un elevado contenido en potasio. Es, también, muy bajo en calorías. Sus semillas estimulan la formación de leche durante la lactancia.*
- *El hinojo tiene un sabor muy aromático. Puedes utilizarlo también en crudo en una ensalada o añadirlo a un cereal cocido al vapor o salteado como en este caso.*
- *No tires los trocitos de la parte superior del hinojo, ya que te pueden servir para aromatizar un caldo de verduras. También lo puedes cortar en trocitos y cocinarlo con arroz integral.*
- *La cúrcuma procede de una planta oriunda de Indonesia y el sur de la India y es un potente antiinflamatorio. Utilízala como colorante para tus platos de cereales, en salteados o guisos, incluso en bizcochos o postres, ya que no tiene un sabor muy acusado.*

«El que conoce
a los demás es sabio.
El que se conoce a sí mismo
está iluminado».

LAO TSÉ

# pisto
## remineralizante

### Ingredientes
2 calabacines
2 cebollas
2 tomates
½ pimiento rojo
unas tiras de alga espagueti de mar
unas tiras de alga dulse
4 c. s. de aceite
2 c. s. de salsa de soja
sal

*«El mayor de los errores estriba en no hacer nada porque puedes hacer poco».*
SYDNEY SMITH

### Elaboración
En una cacerola añade el aceite y la cebolla cortada en dados pequeños. Agrega un poco de sal y cocínala hasta que esté blanda. Añade el resto de las verduras y las algas previamente remojadas y cortadas en trozos pequeños. Déjalo que cueza lentamente unos 10 minutos. Al final sazona con salsa de soja.

### Sugerencias
- *Este pisto también funciona muy bien como relleno de empanadas o simplemente como una salsa para añadir encima de una pasta.*
- *El alga espagueti de mar es de las algas que más hierro tienen (9 veces más que las lentejas). Además es rica en vitamina C y fósforo.*

# salteado rápido
## de coles
# con alga dulse

**Ingredientes**

200 gr de col verde (repollo)
200 gr de col roja (lombarda)
2 zanahorias
1 c. c. de comino en grano
¼ de c. c. de cúrcuma
un trocito de alga dulse
2 c. s. de salsa de soja
2 c. s. de aceite
semillas de calabaza tostadas
sal

*«Sólo cerrando las puertas detrás de uno, se abren ventanas al porvenir».*

Safo de Lesbos

**Elaboración**

En un wok, preferiblemente, añade un poco de aceite y el comino en grano. Deja que tome un poco de color y añade la cúrcuma, las coles cortadas en tiras muy finas y las zanahorias en bastones, así como el alga dulse lavada y cortada en trozos pequeños. Saltea brevemente hasta que veas que empiezan a cambiar de color y sazona con la salsa de soja.

Sírvelo inmediatamente con las semillas de calabaza por encima.

**Sugerencias**

- *Las coles son una de las hortalizas con mayor nivel de antioxidantes y una fuente excelente de vitaminas C y E, así como calcio, selenio y magnesio.*
- *Puedes utilizarlas también en ensaladas. Pica muy finas sus hojas, añade un poco de sal y coloca un peso encima durante ½ hora, aproximadamente. Verás que se vuelve mucho más blandita y más digestiva.*
- *Cuando no vayas a utilizar toda la col, es mejor que vayas deshojando sus hojas, con el fin de poder conservarla durante más tiempo.*
- *El alga dulse es muy rica en vitamina C. Después de la espagueti de mar es la más rica en hierro. Es un alga muy agradable y en este plato verás que pasa totalmente desapercibida.*

# ensalada de cebada
# con avellanas
# y alga nori

## Ingredientes
un bol de cebada cocida
1-2 zanahorias
guisantes cocidos
un puñado de avellanas tostadas
unos canónigos
1 c. s. de copos de alga nori
sal

*«Nada ocurre*
*sin ser antes un sueño».*
CARL SANDBURG

## Aliño
4 c. s. de aceite de oliva
2 c. s. de vinagre de arroz
sal

## Elaboración
Prepara el aliño mezclando el vinagre de arroz con el aceite de oliva y la sal. En un bol mezcla la cebada cocida con las zanahorias cortadas en dados pequeños y los guisantes y mezcla bien con el aliño. En una fuente coloca los canónigos en la base y encima la cebada preparada. Agrega las avellanas tostadas y picadas y el alga nori y déjalo que repose por lo menos ½ hora antes de servir.

## Sugerencias
- *La cebada es muy rica en fibra, y tiene más proteína que el trigo pero mucho menos gluten. Para cocerla, utiliza dos medidas de agua y un trozo de alga kombu y déjala que cueza a fuego lento y tapado durante 1 ½ hora.*
- *El agua de cebada tiene un efecto diurético y es muy beneficiosa para nuestros riñones.*
- *Las avellanas son una buena fuente de potasio y reducen la retención de líquidos y la tensión sanguínea. Para las ensaladas son ideales, ya que les dan un toque muy crujiente.*

# ensalada de pasta con verduras y algas variadas

## Ingredientes

pasta para ensalada (tipo fusilli)
lechuga, guisantes cocidos y zanahoria
aceitunas negras
alga agar-agar en hilos, alga dulse,
alga wakame y alga ao nori
sal

*«Antes de iniciar la labor de cambiar el mundo, da tres vueltas por tu propia casa».*
PROVERBIO CHINO

## Aliño

3 c. s. de zumo de limón
5 c. s. de aceite de oliva
orégano y sal

## Elaboración

Cuece la pasta en agua hirviendo con sal. Corta la zanahoria en cubos y la lechuga en trozos no demasiado pequeños. En un poco de agua añade el zumo de limón y deja en remojo las algas dulse, wakame y agar-agar durante 1-2 minutos, aproximadamente. Mezcla con la pasta el resto de los ingredientes, es decir: los guisantes cocidos, la zanahoria, las aceitunas y la lechuga. Prepara un aliño con el zumo de limón, el aceite de oliva, el orégano y la sal. Incorpora este aliño a la ensalada y mézclalo todo bien con las algas que teníamos en remojo. Por último, espolvorea el alga ao nori por encima.

## Sugerencias

- *En este plato la pasta con los guisantes forman una proteína vegetal completa. Las algas le aportan sobre todo minerales, proteínas y vitaminas.*
- *Al añadir unas gotas de zumo de limón a las algas en remojo, no sólo mi nizas ese olor de mar que a mucha gente no le gusta, sino que además ayudas a que se absorba la vitamina C.*
- *En lugar de guisantes, puedes utilizar otra legumbre: garbanzos, lentejas, judías...*
- *Prepárala con antelación para que tome bien todos los sabores.*
- *El agua de haber cocido una pasta integral biológica la puedes utilizar para preparar sopas o guisos.*
- *Utiliza para tus ensaladas diferentes, aceites pero siempre de primera presión en frío, ya que los aceites refinados además de tener otro tipo de sustancias que no son muy recomendables, han perdido parte de sus nutrientes.*

# gratinado
# de calabaza y nabos
# con cebolla

## Ingredientes
¼ de kg de calabaza
2 cebollas
1 nabo
un brik de crema de arroz
3 c. s. de aceite
sésamo tostado
orégano
sal

## Elaboración
Corta en rodajas finas la calabaza y el nabo y cuécelos al vapor con un poco de sal. Mientras, corta las cebollas en rodajas finas y cocínalas a fuego lento en una sartén hasta que estén blandas. Aparta ¼ parte para la salsa.

En una fuente, prepara por capas. Primero la mitad de la calabaza, cubres con ¾ partes de la cebolla, después los nabos y por último la otra mitad de la calabaza. Tritura la crema de arroz con la cebolla que teníamos apartada y corrígelo de sal. Vierte por encima de la calabaza y mételo al horno a gratinar con las semillas de sésamo unos 10 minutos.

## Sugerencias
- *Los nabos son muy ricos en calcio, magnesio, potasio, yodo y hierro, además de vitaminas A, B y C. Tonifica el sistema nervioso y es depurativo.*
- *Es un plato bajo en grasas y muy dulce.*
- *Al no tener gluten, este gratinado es ideal para celíacos.*

*«Quien pretenda una felicidad y sabiduría constantes, deberá acomodarse a frecuentes cambios».*
CONFUCIO

# Cereales

# croquetas de trigo sarraceno con garbanzos y nueces

**Ingredientes**
1 bol de trigo sarraceno
½ bol de garbanzos cocidos
½ cebolla
½ zanahoria
1 ramita de apio
nueces picadas
3 c. s. de aceite
perejil
un poco de coriandro
sal

*«Mezcla a tu prudencia un grano de locura».*
HORACIO

**Elaboración**
Cuece el trigo sarraceno (por cada parte de trigo pon 1 ¾ partes de agua) durante 15 minutos. Pica la cebolla, la zanahoria y el apio en trozos pequeños. En una sartén con un poco de aceite, añade el coriandro y saltea ligeramente las verduras con un poco de sal. En un bol, mezcla el trigo sarraceno, los garbanzos cocidos y las verduras salteadas. Machácalo ligeramente con ayuda de un tenedor y añade las nueces picadas. Forma las croquetas y mételas al horno o prepáralas a la plancha con un poco de aceite.

**Sugerencias**
- *Para formar estas croquetas es mejor que humedezcas ligeramente las manos para evitar que se te peguen.*
- *El trigo sarraceno, además de ser rico en proteínas, es el único que contiene vitamina P o rutina.*
- *Las nueces son ricas en ácidos grasos omega 3 y antioxidantes. Su consumo regular previene cardiopatías y son estupendas para nuestro cerebro. Es mejor que las compres con la cáscara y las tuestes ligeramente en una sartén o en el horno.*

# quínoa con verduras y alga arame

## Ingredientes

1 medida de quínoa
1 cebolla
1 ajo
1 zanahoria
½ pimiento
unos trozos pequeños de brócoli
1 tomate (opcional)
¼ de c. c. de cúrcuma
una pizca de pimentón
1 c. s. de alga arame
almendras picadas
3 c. s. de aceite
1 hoja de laurel
perejil
sal

*«Estar preparado es importante, saber esperar lo es aún más, pero aprovechar el momento adecuado es la clave de la vida».*

ARTHUR SCHMITZLER

## Elaboración

Lava y deja en remojo el alga arame con un poco de agua. En una sartén añade el aceite, la cebolla y el ajo picados. Agrega el tomate y rehoga unos instantes. Incorpora la cúrcuma, el pimentón, el laurel y rehoga bien. Añade la quínoa, el alga arame y dos medidas de agua. Cuando empiece a hervir, agrega las verduras cortadas en trozos pequeños y un poco de sal. Baja el fuego y déjalo que cueza a fuego lento y tapado unos 20 minutos. Sírvelo con las almendras y el perejil picados por encima.

## Sugerencias

- *En esta receta puedes utilizar las verduras que tengas más a mano, preferiblemente de temporada.*
- *El alga arame proviene de Japón y es especialmente rica en yodo y calcio. Utiliza el agua de su remojo para preparar este plato.*
- *La mezcla de cúrcuma y pimentón le darán un bonito color dorado a tu plato.*
- *La Academia Nacional de Ciencias de Estados Unidos ha calificado la quínoa como el cereal más nutritivo del mundo. Contiene todos los aminoácidos esenciales, Vitamina E, C, B1 y B6 y además no tiene gluten.*

# pasta con crema de tofu, algas y nueces

**Ingredientes**
pasta integral
½ tofu
1 cebolla
1 ajo
unas tiras de alga espagueti de mar
un puñado de nueces tostadas picadas
1 c. c. de miso
3 c. s. de aceite
unas hojas de albahaca fresca
sal

*«Lo mejor que podemos hacer a favor de quienes nos aman es seguir siendo felices».*
ALAIN

**Elaboración**
Cuece la pasta. Mientras, pocha en una sartén con un poco de aceite la cebolla con el ajo. Hierve el tofu con las algas durante 5 minutos. Prepara la salsa: tritura el tofu con las algas, la cebolla, el ajo, las nueces tostadas y el miso. Añade agua de haber cocido el tofu y tritura con la batidora hasta formar una crema. Vierte por encima de la pasta y decora con la albahaca fresca.

**Sugerencias**
- *Para esta receta es mejor que utilices un tofu llamado «japonés», ya que es más cremoso y la salsa te quedará más fina.*
- *Es un plato muy completo, por la combinación de la pasta con el tofu y las algas.*
- *Aprovecha el agua de haber cocido la pasta integral y biológica para sopas o guisos.*
- *Puedes sustituir el miso por salsa de soja y las nueces por piñones.*
- *El miso es una pasta de soja fermentada sola o con un cereal. Es uno de los mejores alimentos de la alimentación natural, ya que es una buena fuente de proteínas, fibra y vitamina B (en todas sus variedades). Para esta receta te aconsejo un miso como el mugi miso (elaborado con soja y cebada) o kome miso (elaborado con soja y arroz).*

# calabacines rellenos
## con mijo y su salsa

**Ingredientes**
2 calabacines medianos
½ vaso de mijo
½ cebolla
½ pimiento
1 vaso de bebida de arroz
3 c. s. de aceite
sal

*«El único lugar adonde el éxito viene antes que el trabajo es en el diccionario».*
ALBERT EINSTEIN

**Elaboración**
Lava bien y corta los calabacines en trozos grandes y a lo ancho. Vacíalos con ayuda de una cucharita pequeña. Corta la pulpa en trozos pequeños y cocina la parte exterior al vapor 5 minutos. En una sartén con un poco de aceite saltea ligeramente la cebolla, el pimiento y la pulpa de los calabacines cortado todo a dados pequeños. Mientras, lava y cuece el mijo con dos medidas de agua y sal a fuego lento y tapado durante 15 minutos.
Mezcla la mitad del mijo cocido con las verduras salteadas, rellena los calabacines y colócalos en una fuente apta para el horno. Tritura la otra mitad del mijo y la leche de arroz. Corrígelo de sal y vierte por encima de los calabacines como si fuera una bechamel. Mételo al horno caliente unos 10 minutos, aproximadamente.

**Sugerencias**
• *Es un plato muy vistoso y fácil de preparar que puedes elaborar con otras verduras.*
• *No peles los calabacines, lávalos bien con un cepillo de verduras (tawasi) para que conserve todas sus propiedades.*
• *Hasta el siglo pasado, el mijo se cultivaba abundantemente en Europa, sobre todo en Francia y Alemania. Es rico en lecitina, colina, hierro y magnesio, ideal para personas que llevan a cabo actividades intelectuales y, además, no tiene gluten.*

# bolitas de mijo con crema de calabaza

**Ingredientes**
1 medida de mijo
250 gr de calabaza
1 medida de bebida de arroz
1 cebolla
2 c. s. de almendras picadas
2 c. s. de almendras molidas
¼ de c. c. de curry
3 c. s. de aceite
sal

*«Mira a la derecha y a la izquierda del tiempo y que tu corazón aprenda a estar tranquilo».*
FEDERICO GARCÍA LORCA

**Elaboración**
Cuece el mijo con dos medidas de agua durante 15 minutos. Cuando ya esté listo añade la bebida de arroz y las almendras picadas y molidas. Deja que se enfríe un poco y forma pequeñas bolitas. Mientras, prepara la salsa. En una sartén añade el aceite, la cebolla cortada en rodajas finas y la calabaza en trozos pequeños. Añade el curry y déjalo que se cocine a fuego lento hasta que esté todo blando. Tritura todo junto añadiendo el agua necesaria para la salsa. Corrígela de sal y sírvela caliente con las bolitas de mijo.

**Sugerencias**
- *La combinación de mijo y calabaza es especialmente buena para problemas de estómago, bazo y páncreas. Ideal también para diabéticos.*
- *La calabaza es rica en betacarotenos, así como vitaminas C y E, calcio, hierro y magnesio y una buena fuente de carbohidratos complejos.*
- *No deseches sus pipas, ya que las puedes meter al horno y tostarlas. Utilízalas como un aperitivo saludable, ya que son muy ricas en zinc y hierro y refuerzan el sistema inmunitario*
- *Al utilizar la almendra molida, evitamos añadir otro tipo de harinas y además enriquecemos con calcio y vitamina E este plato. Además, las almendras tienen un alto contenido en grasas monoinsaturadas y mantiene constantes los niveles de azúcar.*

# arroz basmati con lenteja beluga

**Ingredientes**
1 medida de arroz basmati integral
¼ de medida de lenteja beluga
1 zanahoria
1 cebolla
un trozo de alga kombu
3 c. s. de aceite
¼ de c.c. de cúrcuma
salsa de soja

*«Es mejor viajar lleno de esperanza que llegar».*
PROVERBIO JAPONÉS

**Elaboración**
Lava bien el arroz y las lentejas y cuécelos en una cacerola con 2 ½ medidas de agua y el trozo de alga kombu. Cuando empiece a hervir, tápalo y déjalo que cueza a fuego lento alrededor de unos ¾ de hora, aproximadamente. Al final, sazona con la salsa de soja. Mientras, en un poco de aceite añade la cebolla cortada en tiras finas y la zanahoria en dados pequeños y deja que se ponga transparente. Agrega la cúrcuma y sírvelo por encima del arroz.

**Sugerencias**
- *La lenteja beluga es una lenteja muy pequeña con gran semejanza al caviar (de ahí su nombre). Además de vitaminas del grupo B, es la más proteica de todas las lentejas. Puedes utilizarla también en sopas o en ensaladas, ya que tarda en cocinarse menos tiempo que las normales (unos 20 minutos).*
- *El arroz basmati tiene un contenido en vitaminas y minerales superior a otras variedades. El arroz integral ayuda a controlar los niveles de azúcar en la sangre. Es un alimento rico en fibra y una buena fuente de vitaminas B y minerales, en especial selenio y magnesio.*
- *Cuando cocines legumbres o cereales, añade un trocito de alga kombu. Este alga ayuda a ablandar la fibra de los productos con los que se cocina lo que evita la formación de gases. Además, es rica en minerales y muy buena para problemas circulatorios.*

# tabulé de teff

**Ingredientes**
1 medida de teff en grano
2 medidas de agua
2 tomates
1 zanahoria
1 pepino
sal

**Aliño**
zumo de ½ limón
6 c. s. de aceite de oliva
un buen puñado de hojas de menta picadas
un buen puñado de hojas de perejil picadas
sal

**Elaboración**
Cocina el teff con dos medidas de agua y sal a fuego lento y tapado durante ½ hora, aproximadamente. Prepara todas las verduras cortándolas muy pequeñas y mézclalas con el teff. Alíñalo con la salsa y deja al menos 1 hora en la nevera antes de servir.

**Sugerencias**
- *El teff es un cereal procedente de Etiopía. Es ideal para personas que son celíacas, ya que no contiene gluten. Es rico en fibra, hierro además de proteínas y calcio. Con su harina se prepara la injera, una especie de pan fermentado que en Etiopía utilizan como plato para poner la comida encima.*

*«Quien no comprende una mirada tampoco comprenderá una larga explicación».*
PROVERBIO ÁRABE

# hamburguesas
## de coliflor con copos

**Ingredientes**
250 gr de coliflor
1 zanahoria
4 c. s. de copos de quínoa
4 c. s. de copos de teff
3 c. s. de salsa de soja
1 c. s. de copos de alga nori
aceite
perejil picado

**Elaboración**
Lava y prepara la coliflor en racimos y la zanahoria en trozos pequeños y cuécelos al vapor durante unos 7 minutos. Machácalo con un tenedor y añade los copos de quínoa, teff, nori, el perejil y la salsa de soja. Déjalo que repose unos minutos. Con las manos húmedas prepara las hamburguesas y pásalas por la sartén ligeramente engrasada con el aceite. Sírvelas con una ensalada fresca.

**Sugerencias**
- Son muy fáciles y rápidas de elaborar, pero también puedes prepararlas con antelación y congelarlas para cuando las necesites.
- No tritures en exceso las verduras para que te queden algunos trocitos.
- Tanto los copos de quínoa como los de teff son muy ricos en proteínas y minerales y además no tienen gluten. Aprovecha cualquier resto de verduras para incorporar a las hamburguesas.

«Aprendí el silencio
de los charlatanes,
la tolerancia de los intolerantes,
la amabilidad de los groseros,
¿cómo no estar agradecido
a estos maestros?».
KHALIL GILBRAN

# arroz integral
# con alcachofas

**Ingredientes**
1 medida de arroz integral
½ kg de alcachofas
2 puerros
1 zanahoria
unos guisantes cocidos
1 trozo de alga kombu
½ c. c. de cúrcuma
2 c. s. de salsa de soja
2 c. s. de aceite
sal

*«Sólo cerrando puertas
detrás de uno se abren
ventanas al porvenir».*
FRANÇOISE SAGAN

**Elaboración**
Cuece el arroz integral con 2 medidas de agua y el alga kombu con una pizca de sal, a fuego lento y tapado durante 1 hora.
Aparte, en un poco de aceite, saltea el puerro cortado en rodajas finas, la zanahoria en dados pequeños y las alcachofas cortadas en rodajas finas. Déjalo a fuego lento y tapado unos minutos. Añade la cúrcuma, los guisantes, y rehógalo todo junto con el arroz. Sazona con un poco de salsa de soja y sírvelo caliente.

**Sugerencias**
- *Este plato es especial para cuidar tu hígado ya que las alcachofas favorecen la producción de bilis y tienen un efecto desintoxicante y regenerador de las células del hígado. También son ricas en calcio, hierro, magnesio y potasio. Para que no se oxiden, añade unas gotas de limón al lavarlas o perejil desmenuzado en el agua.*
- *La cúrcuma, por su parte, puede ayudar a mejorar el metabolismo de las grasas, colaborando a que el hígado funcione correctamente.*
- *Añade también la parte verde del puerro, cortada en trozos más pequeños, ya que aparte de darle mucho sabor, tiene también muchos nutrientes.*

# Proteínas vegetales

# guiso de garbanzos con calabaza y setas

**Ingredientes**
¼ de kg de garbanzos
¼ de kg de calabaza
150 gr de champiñón
1 cebolla
¼ de c. c. de comino en grano
unas semillas de calabaza tostadas
1 trozo de alga kombu
3 c. s. de aceite
perejil
sal

*«Mira a las estrellas pero no te olvides de encender la lumbre del hogar».*
PROVERBIO ALEMÁN

**Elaboración**
Cuece los garbanzos con el alga kombu. Mientras, en una cacerola con un poco de aceite, añade la cebolla cortada en trozos no demasiado pequeños, el comino, la calabaza cortada en dados pequeños y el champiñón. Añade un poco de sal y deja que se poche a fuego lento y tapado durante unos 15 minutos. Pasado este tiempo, agrega los garbanzos cocidos y un poco del caldo de cocerlos. Deja que de un hervor todo junto y sírvelo caliente con las semillas de calabaza por encima.

**Sugerencias**
- *Éste es un plato muy otoñal, ideal para los primeros fríos. Con un cereal tienes un plato completo.*
- *Los garbanzos son ricos en proteínas, fibra e hidratos de carbono, lecitina y ácidos grasos esenciales entre los que destaca el omega 6. Además, son una buena fuente de minerales, como hierro, zinc y calcio.*
- *El alga kombu es la más consumida en el mundo. No sólo da sabor, sino que además evita las flatulencias y hace que los productos con los que se cocina sean más digestibles debido al ácido glutámico. Tiene propiedades antirreumáticas y antiinflamatorias; regulan el peso corporal y la tensión arterial.*

# croquetas
# de judía carilla

## Ingredientes
200 gr de judías carilla cocidas
½ cebolla
1 zanahoria
hojas de tomillo
2 c. s. de harina de espelta
pan rallado y semillas de sésamo para rebozar
2 c. s. de aceite
sal

*«Conócete,
acéptate,
supérate».*
SAN AGUSTÍN

## Elaboración
En una sartén añade 2 c. s. de aceite y cocina la cebolla y la zanahoria previamente cortada en dados pequeños con un poco de sal. Deja escurrir bien las judías y tritura en una batidora hasta convertirlas en una crema. Añade las verduras pochadas, el tomillo, el sésamo tostado y dos cucharadas de harina de espelta. Con las manos húmedas dale la forma de croquetas y pásalas por el pan rallado mezclado con semillas de sésamo. Calienta una sartén con 2 c. s. de aceite y cocínalas a la plancha, dándoles la vuelta para que se doren por todos los lados. Sírvelas calientes con una ensalada de rábanos.

## Sugerencias
- *Las carilla son unas judías pequeñas, blancas, con una mancha negra, muy cremosas y de muy fácil digestión. Curiosamente, es una legumbre autóctona del Mediterráneo.*
- *Tienes que dejar las judías muy bien escurridas, porque si te quedan demasiado húmedas no podrás manejarlas bien.*
- *Puedes preparar las croquetas también al horno, untándolas con un poco de aceite por encima para que queden más crujientes.*
- *Prueba a hacer bolitas para aperitivos, están especialmente buenas.*

# garbanzos con espinacas y alga dulse

**Ingredientes**

1 bol de garbanzos cocidos
150 gr de espinacas frescas
½ cebolla
1 ajo
un trozo de alga dulse
¼ de c. c. de comino en grano
½ c. c. de cúrcuma
aceite
sal

*«Para desterrar el mal no hay que combatirlo, sino trabajar energéticamente en dirección al bien».*

NISARGADATTA

**Elaboración**

Corta la cebolla y el ajo en trozos pequeños y saltéalos en una sartén con el comino en un poco de aceite. Añade la cúrcuma y las espinacas frescas cortadas también en trozos pequeños así como el alga dulse remojada previamente. Rehoga bien y agrega los garbanzos y un poco de agua de haberlos cocido. Deja que dé un hervor y corrígelos de sal.

**Sugerencias**

- *Las espinacas son ricas en betacarotenos, fibra, vitamina K, así como A, B, C y E, hierro, potasio, calcio y fósforo.*
- *El alga dulse es roja debido a ciertos pigmentos que enmascaran la clorofila y son carotenoides precursores de la vitamina A. Además, es una de las algas más ricas en hierro.*
- *La cúrcuma tiene propiedades antiinflamatorias y es un potente antioxidante. Aprovecha a añadirla en salteados y guisos para dar color a tus platos.*

# pastel de tofu
# y calabaza
# con semillas de chía

### Ingredientes
1 bloque de tofu
250 gr de calabaza
varias rebanadas de pan de molde
1 cebolla
¼ de c. c. de comino en polvo
3-4 c. s. de aceite
1 c. s. de miso
semillas de chía
sal

*«El mejor efecto
de las personas exquisitas
se siente después de
haber estado en su presencia».*
Ralf Waldo Emerson

### Elaboración
Corta la calabaza en trozos y cuécela al vapor. Corta la cebolla en rodajas finas y cocínala con un poco de aceite y sal a fuego lento hasta que esté blanda. Añade el comino y rehoga bien. Tritura la calabaza con el tofu, la cebolla y el miso. Corrígelo de sal.

En una fuente apta para el horno, coloca las rebanadas de pan y vierte por encima la crema de tofu y calabaza. Decora con las semillas de chía y métela al horno unos 20 minutos. Déjalo que se enfríe ligeramente y sírvelo caliente.

### Sugerencias
- *Éste es un plato completo que puedes dejar preparado de un día para otro y calentar en el momento.*
- *Utiliza un pan que no sea muy denso para que al verter las verduras calientes se quede todo unido y sea fácil sacarlo a la hora de servirlo. Es mejor que lo prepares con unas horas de antelación.*
- *Las semillas de chía son especialmente ricas en mucílagos y la mayor fuente vegetal de ácidos grasos omega 3. Contienen antioxidantes, proteínas, aminoácidos vitaminas, minerales y fibra.*
- *Puedes prepararlo también con zanahoria o cualquier otra verdura de temporada y servirlo en verano con una salsa de tomate o mayonesa.*

# hojas de col rellenas de seitán con alga nori

**Ingredientes**

unas hojas de col
1 bloque de seitán
1 cebolla, 1 zanahoria
un puñado de piñones
1 c. s. de copos de alga nori
salsa de soja, aceite, sal y pimienta molida
bastones para sujetar las hojas

**Para la salsa**

1 cebolla, 1 ajo
2 c. s. de piñones tostados
varias hojas de perejil
2 c. s. de aceite y sal

**Elaboración**

Separa las hojas de la col con ayuda de un cuchillo. Corta la parte del nervio central más grueso y escalda en agua con un poco de sal durante unos segundos. Mientras, en un poco de aceite, añade la cebolla y la zanahoria cortadas en dados pequeños. Cuando la cebolla haya cogido color añade el seitán cortado también en trozos muy pequeños. Rehoga bien, añade los copos de nori y sazona con salsa de soja y pimienta. Rellena las hojas de col empezando por la parte más blanda y sujetando con un palillo para evitar que se abra. Colócalas en una fuente apta para el horno y vierte por encima la salsa, y unos copos de nori. Déjalo en el horno a 180 grados durante 10 minutos, aproximadamente y sírvelo caliente.

**Elaboración de la salsa**

Corta la cebolla en tiras finas y el ajo en trozos pequeños y cocínalos en una sartén con un poco de aceite y una pizca de sal hasta que estén blandos. Saca y tritura con los piñones y el perejil. Agrega el agua necesaria para formar una salsa y vuelve a ponerlo en la sartén para que dé un hervor.

**Sugerencias**

- Los trocitos que cortes de la col no los tires, utilízalos para una sopa, guiso o salteados.
- Los piñones son ricos en vitamina E, zinc y esteroles vegetales que reducen el colesterol y una fuente estupenda de ácidos grasos omega 3.
- El alga nori es especialmente rica en proteínas, provitamina A y vitamina B12. Es muy práctico utilizarla en copos para poner encima de ensaladas o platos preparados.
- Ideal para personas celíacas, ya que esta nutritiva salsa no necesita ningún tipo de harina. Puedes variar preparándola con almendras o avellanas.

«Si das pescado a un hombre hambriento, le nutres durante una jornada; si le enseñas a pescar, le nutrirás para toda la vida».

LAO TSÉ

# pinchos de tempeh con salsa de almendras

**Ingredientes**
½ bloque de tempeh fresco
3 c. s. de salsa de soja
Pinchitos de madera

**Para la salsa**
12-15 almendras tostadas
¼ c. c. de jugo de jengibre
2 c. s. de salsa de soja
1 c. s. de aceite

*«Hoy es el primer día del resto de mi vida».*
STANISLAV GROF

**Elaboración**
Corta el tempeh en cubos y cuécelo con agua que lo cubra ligeramente y 3 c. s. de salsa de soja durante 5 minutos. Mientras, prepara una salsa triturando las almendras tostadas, el jugo de jengibre, la salsa de soja y el jugo de la cocción del tempeh. Escurre el tempeh y prepara los pinchitos. Cocínalos a la plancha en una sartén con unas gotas de aceite. Al final, añade la salsa y sírvelos calientes.

**Sugerencias**
- *El jengibre tiene propiedades antiinflamatorias, calman las náuseas y ayudan a la digestión.*
- *El tempeh está elaborado a partir de la soja y un hongo llamado* Rhizopus oligosporus. *Es un producto fermentado, de muy fácil digestión, especialmente rico en proteínas y vitaminas del grupo B y B12.*
- *Asegúrate de que el tamaño de los trozos es lo suficientemente grande para que lo atraviese un palillo, ya que si no se romperá fácilmente.*
- *Te quedará más vistoso y nutritivo si insertas verduras entre medias de los trocitos de tempeh. En esta receta he utilizado setas shiitake y brócoli cocido al vapor, pero puedes poner lo que más te guste.*

# seitán con ciruelas pasas

**Ingredientes**
1 bloque de seitán
4 ciruelas pasas sin hueso
2 puerros
1 tarrina de crema de arroz
3 c. s. de aceite
salsa de soja
perejil o cebollino

**Elaboración**
En una sartén añade el aceite y el puerro cortado en rodajas finas y 2 ciruelas. Añade un poco de sal y déjalo a fuego lento y tapado hasta que se ablande. Tritura todo con la crema de arroz. Vuelve a poner la salsa en la sartén y añade el seitán cortado en trozos finos y las otras dos ciruelas cortadas en trozos pequeños. Sazona con salsa de soja y sírvelo con el perejil o el cebollino picado por encima.

**Sugerencias**
- *Es un plato muy rápido y fácil de preparar. El sabor un poco dulce de este plato les gusta mucho a los niños.*
- *El seitán es la proteína vegetal más parecida a la carne. Se elabora con el gluten del trigo, por lo que no pueden tomarlo los celíacos. Tiene más proteínas que la carne y es muy rico en fibra.*
- *En los supermercados ecológicos puedes encontrar seitán de espelta. Es más blando y, para muchas personas, más digestivo.*
- *Puedes utilizar otros tipos de cremas: de avena o de soja y sustituir el puerro por cebolla.*

*«Cada paso que da un buscador, sea cual sea la dirección, es un paso hacia el conocimiento de sí mismo».*
MARCO AURELIO

# salteado rápido de seitán con wakame

**Ingredientes**
1 bloque de seitán
1 cebolla
1 calabacín
1 zanahoria
un trozo pequeño de coliflor
alga wakame
¼ de c. c. de curry
2-3 c. s. de salsa de soja o sal
semillas de sésamo tostadas
2-3 c. s. de aceite

*«Todos tenemos dos cumpleaños. El día en el que nacemos y el día en el que despierta nuestra conciencia».*
MAHARISHI

**Elaboración**
Corta el seitán en tiras finas. Lava y corta la cebolla, el calabacín y la zanahoria en bastones. Deja lavada y preparada también la coliflor en racimos pequeños. En una sartén con un poco de aceite añade primero la cebolla y la zanahoria. Agrega el curry y el resto de las verduras junto con el alga wakame previamente remojada. Saltea unos minutos, sazona con la salsa de soja o la sal y sirve con las semillas de sésamo tostadas por encima.

**Sugerencias**
- *Es un plato muy rápido y fácil de hacer. Utiliza las verduras que tengas a mano en casa.*
- *El alga wakame se hidrata rápidamente en agua y tiene un sabor muy suave. Puede pasar inadvertida en este plato si después de remojarla la cortas en trocitos muy pequeños. ¡Tiene 11 veces más calcio que la leche de vaca!*
- *El curry es una mezcla de especias y hierbas típicas de la cocina india, y la cúrcuma es uno de sus principales ingredientes y el que le da su característico color amarillo. En Oriente cada cocinero personaliza su propio curry utilizando diferentes especias y hierbas. Si no te gusta mucho su sabor, puedes utilizar sólo cúrcuma con un poco de comino.*
- *Si quieres que te quede más cremoso, disuelve en un vaso de leche de arroz 1 c. s. de kuzu y viérteselo al final, antes de apagar el fuego.*

# soba con tofu y verduras

**Ingredientes**
½ tofu
100 gr de fideos soba
1 puerro
1 zanahoria
5-6 setas shiitake deshidratadas
4 c. c. de miso
jengibre
un trocito de alga kombu
copos de alga nori

*«El hombre que se levanta, aún es más grande que el que se ha caído».*
Concepción Arenal

**Elaboración**

En una cacerola añade, aproximadamente, 4 vasos de agua, el alga kombu, las setas (previamente remojadas durante 15 minutos) y el tofu cortado en cubos. Deja que hierva 5 minutos, agrega la pasta y las zanahorias cortadas en trozos no muy pequeños y déjalo que cueza durante 10 minutos más. Disuelve el miso en un poco de caldo de la sopa y añádeselo, así como el jugo del jengibre fresco. Sírvelo caliente con unos aros de puerro y unos copos de nori por encima.

**Sugerencias**

- *La shiitake es un hongo originario de Asia y el más consumido en el mundo. Es un verdadero alimento-medicamento. La variedad más activa se llama donko. Es rica en minerales y vitaminas, y es muy buena para eliminar el colesterol y estimular el sistema inmunológico. No tires el agua del remojo, añádesela también a la sopa, ya que tiene propiedades medicinales.*
- *Asegúrate de que el miso no hierva, para que no pierda propiedades.*
- *La pasta soba está elaborada con trigo sarraceno (un cereal que no tiene gluten).*
- *Para sacar el jugo del jengibre, sólo tienes que exprimir su ralladura entre tus dedos.*

# Dulces y postres

# flan de té verde

### Ingredientes
2 c. s. de té verde
1 c. s. de agar-agar en polvo
zumo de ½ limón
3 c. s. de crema de almendras
1 c. s. de kuzu
1 brik de crema de avena
3 c. s. de sirope de agave

### Elaboración
Prepara primero la infusión de té verde. En una tetera añade 2 c. s. de té verde y agrega ½ litro de agua hirviendo. Déjalo en infusión durante 5 minutos, cuélalo y ponlo a hervir con el agar-agar unos segundos. Baja el fuego y endulza con la crema de almendras. Añade el kuzu disuelto en un poco de agua fría. Por último, añade el zumo de limón y mézclalo todo bien. Viértelo en un molde y déjalo que se enfríe. Sírvelo con la crema de avena por encima, endulzada con el sirope de agave.

### Sugerencias
- *Para desmoldar, pasa un cuchillo alrededor del flan y poniéndolo boca abajo empújalo suavemente.*
- *Es un postre remineralizante y antioxidante.*
- *Puedes utilizar cualquier tipo de té: rooibos, rojo, verde, blanco...*
- *El agar-agar tiene hasta 10 veces más poder gelificante que las gelatinas animales. Solidifica por debajo de los 38 °C y se hace líquida a partir de los 80 °C. Es rico en fibra y bajo en calorías.*

*«Lo complicado de la vida es descubrir lo simple que es».*
Anónimo

# rollo de harina de espelta con manzana, nueces y semillas

**Ingredientes**
100 gr de harina de espelta
2 manzanas
12 c. s. de zumo de manzana
4 c. s. de aceite
5-6 nueces tostadas
2 c. s. de semillas de girasol
2 c. s. de semillas de sésamo
1 c. c. de canela molida
1 pizca de sal

*«Universo, concédeme el supremo gozo de ser útil».*
Ramayat

**Para el glaseado**
5 c. s. de zumo de manzana
¼ de c. c. de agar-agar en polvo

**Elaboración**
Prepara la masa: en un bol añade la harina de espelta con la sal y el aceite. Mézclalo bien, vierte el zumo de manzana y, sin amasar, haz una bola con ello. Extiende la masa, procurando que quede muy fina y coloca encima las manzanas cortadas en trozos pequeños, las nueces, las semillas y la canela molida. Cierra bien el rollo y métoloen el horno caliente durante ½ hora, aproximadamente. Prepara el glaseado: cuece durante unos segundos el zumo de manzana con el agar-agar en polvo y pinta el rollo con una brocha fina.

**Sugerencias**
- *Puedes variar las frutas adaptándolas a la estación del año.*
- *Las manzanas son ricas en flavonoides, tienen alto contenido en fibra y son una buena fuente de potasio, que previene la retención de líquidos.*
- *Te resultará más fácil cerrar el rollo si estiras la masa encima de un plástico o papel de cocina.*

# crema dulce de azukis

### Ingredientes
100 gr de azukis
350 gr de bebida de arroz
25 gr de almendras
1 c. c. de agar-agar en polvo
4 c. s. de sirope de agave
1 trozo pequeño de alga kombu
canela en polvo

### Elaboración
Deja las azukis en remojo de un día para otro y cuécelas durante una hora con un trozo pequeño de alga kombu. Lleva a ebullición la bebida de arroz con el agar-agar durante unos segundos. Tritura con la batidora junto con las almendras, las azukis y el sirope de agave. Déjalo que se enfríe. Bátelo con unas varillas y sírvelo con canela o almendras picadas por encima.

### Sugerencias
- *Las azukis son unas judías rojas muy pequeñas originarias de Japón, donde se cultivan y consumen normalmente. Actualmente también se cultivan en Europa. Tienen un gran valor nutritivo y son muy fáciles de digerir. Fortalecen el riñón y son recomendables para los diabéticos, ya que regulan el exceso de azúcar.*
- *Por las propiedades nutritivas de este plato, te lo recomiendo para un desayuno.*
- *La crema puede servirte para rellenar unos creps, un bizcocho o simplemente para poner encima de una tostada.*

«La diferencia entre el amor y la pasión es sencilla. La pasión busca la felicidad en el otro, mientras que el amor busca la felicidad del otro».

Anónimo

# bizcocho integral
# de espelta y avena
# con semillas de chía

**Ingredientes**
150 gr de harina de espelta
¼ de litro de bebida de avena
¼ de litro de zumo de manzana
1 vaso de vino de aceite
50 gr de copos de avena pequeños (más 3 c. s.)
50 gr de pasas
5 c. s. de melaza de arroz
2 c. s. de semillas de chía
1 c. c. rasa de bicarbonato
¼ de c. c. de canela
un pellizco de sal

*«Invierte en aquello
que un naufragio
no te pueda arrebatar».*
ANÓNIMO

**Elaboración**
Calienta ligeramente el zumo de manzana y añade las semillas de chía. Déjalo
que repose durante 10 minutos. Añade la bebida de avena, el aceite, la melaza,
la canela y un pellizco de sal. Agrega ahora la harina tamizada previamente y
los copos de avena. Mézclalo todo bien. Vierte la mezcla en un molde engrasado
previamente. Métalo en el horno a 180 °C unos 40 minutos.

**Sugerencias**
- *La espelta tiene más proteínas, minerales y vitaminas que el trigo, y aunque también tiene gluten, produce menos alergia que el trigo, debido a que no ha sufrido tantas modificaciones.*
- *La avena es rica en fibra y contiene pequeñas cantidades de gluten. Su índice glucémico es bajo y además ayuda a reducir el colesterol.*
- *Este bizcocho es ideal para un desayuno o una merienda. Córtalo en pequeñas rodajas y úntalo con alguna mermelada casera.*

# crema de copos de quínoa y pasas

**Ingredientes**
½ litro de bebida de arroz
5 c. s. de copos de quínoa
2 c. s. de pasas
2 c. s. de crema de almendras
canela en polvo

**Elaboración**
Cuece la bebida de arroz con las pasas y la quínoa durante cinco minutos. Añade la crema de almendras y tritura con una batidora.
Vierte el preparado en un bol y añade la canela en polvo por encima.

**Sugerencias**
- *Frío o caliente, puede ser un desayuno rápido y muy nutritivo, ya que la quínoa es muy rica en proteínas y además no contiene gluten.*
- *Queda muy bueno también con copos de arroz.*
- *Cambia las pasas por orejones, ciruelas pasas o cualquier otra fruta seca.*

*«El pesimista se queja del viento. El optimista espera que cambie. El realista ajusta las velas».*
GUILLEN GEORGE WARD

# peras
# con chocolate

**Ingredientes**
3- 4 peras tipo conferencia
almendras picadas (para adornar)

**Para la crema de chocolate**
2 c. s. de cacao en polvo
¼ de litro de bebida de arroz
2-3 c. s. de melaza de cereales
1 c. c. de kuzu
una pizca de canela

**Elaboración**
Pela y cuece las peras con muy poca agua y una pizca de sal en un recipiente tapado a fuego lento. En una cacerola, prepara la salsa disolviendo el cacao en la bebida de arroz junto con el jugo que ha soltado la pera. Endulza con la melaza. Disuelve el kuzu con un poco de bebida de arroz y añade al final, moviendo constantemente. Vierte por encima de las peras ya cocidas y adorna con las almendras picadas.

**Sugerencias**
- *Las peras poseen un alto contenido en fibra y antioxidantes.*
- *Puedes prepararlas también asadas al horno.*
- *El kuzu es un almidón obtenido de una raíz que se cultiva en China con extraordinarias propiedades medicinales.*

*«Ningún problema puede ser resuelto por el mismo nivel de conciencia que lo creó».*

ALBERT EINSTEIN

# pastas de copos de avena y zanahorias

**Ingredientes**
200 gr de zanahorias cocidas al vapor
50 gr de bebida de arroz
100 gr de copos de avena
4 c. s. de melaza de cereales
un puñado de pasas
almendras tostadas picadas
canela

**Elaboración**
Mezcla con un tenedor las zanahorias y añade el resto de los ingredientes. Con las manos húmedas forma las pastas e introduce en el horno caliente (180 °C) durante unos 15 minutos.
Sácalas con cuidado del horno, ya que son muy frágiles, y deja que se enfríen antes de consumir.

**Sugerencias**
- *Estas pastas constituyen un tentempié estupendo para media mañana.*
- *Te aconsejo que cuando las metas en el horno las cubras con papel de cocina para evitar que las pasas se quemen.*
- *Cambia las zanahorias por calabaza, manzanas...*
- *Muchas personas intolerantes al gluten pueden utilizar la avena, ya que lo contiene en muy poca cantidad.*

*«El dolor es inevitable, pero el sufrimiento se puede superar».*
Néor

# Tés
# y refrescos

# refresco
# de bayas de goji

**Ingredientes**
½ litro de zumo de manzana
1 c. s. de bayas de goji
zumo de ½ limón

**Elaboración**
Tritura en la batidora el zumo de manzana con las bayas de goji y el zumo de ½ limón. Refrigera y sírvelo fresco.

**Sugerencias**
- Las bayas tibetanas de goji son un auténtico cóctel de antioxidantes naturales, vitaminas, minerales y oligoelementos. Es muy importante que las compres siempre biológicas.
- Puedes consumir las bayas de goji en el muesli, sopas, ensaladas, postres...

*«La persona más desarrollada es aquella que puede ponerse en el lugar del mayor número de personas».*
KEN WILBER

# té verde
## con algas

**Ingredientes**
1 c. s. de té verde
1 trozo (2-3 cm de alga wakame)
ralladura de lima o limón

**Elaboración**
Hierve ½ litro de agua y añade la ralladura de lima o limón. Apaga el fuego y déjalo que repose unos segundos. Prepara en una tetera el té verde y agrega el alga wakame. Añade el agua con la ralladura y déjalo que infusione 3-4 minutos. Sírvelo caliente o frío.

**Sugerencias**
- *El té verde es muy rico en prolifenoles flavónicos que poseen un altísimo poder antioxidante.*
- *Puedes variar el sabor añadiendo ralladura de naranja o una ramita de canela en lugar de ralladura de lima o limón.*
- *El alga wakame es una de las algas más ricas en calcio.*

*«Ama la acción por la acción misma, independientemente del resultado y provecho que puedas obtener con ella».*
DICHO BUDISTA

# horchata
# de almendras

**Ingredientes**
100 gr de almendras crudas
1 l de agua
sirope o melaza de cereales para endulzar
canela

**Elaboración**
Deja las almendras en remojo con agua durante 5-6 horas. Tritura con la batidora añadiendo el agua poco a poco. Endulza a tu gusto y sírvela fría con canela por encima.

**Sugerencias**
- *Las almendras son una buena fuente de calcio, y gracias a su contenido en grasas monoinsaturadas, ayudan a mantener el corazón y las arterias sanas.*
- *Prueba a preparar esta horchata con nueces o avellanas.*

*«Si deseas mejorar tus acciones, mejora tus pensamientos».*
SIVANANDA

# agua de cebada

**Ingredientes**
2 c. s. de malta
zumo de 2 limones
sirope de agave, melaza de cereales o stevia para endulzar
1 l de agua

**Elaboración**
Hierve el agua, añade la malta y apaga el fuego. Déjalo que repose 5 minutos.
Añade el zumo de limón y endulza con el sirope de agave, la melaza de cereales
o stevia a tu gusto. Sírvelo fresquito en el verano.

**Sugerencias**
- *Es una bebida ideal para niños, ya que no contiene teína.*
- *Prueba a elaborarla también mezclándola con zumo natural.*
- *Para elaborar la malta, se utilizan los granos de la cebada pregerminada. Tiene vitaminas del grupo B, fósforo, calcio, potasio...*
- *La stevia es un edulcorante que procede de Brasil y Paraguay. No sólo es tolerada por diabéticos sino que además regula los niveles de glucosa en la sangre. La planta endulza hasta 30 veces más que el azúcar y el extracto 200 veces más.*

*«Hay un secreto para vivir con la persona amada. No pretender modificarla».*
SIMONE DE BEAUVOIR

# índice